Effilage du sac de jute

RENÉ CHAR
ZAO WOU-KI

Effilage
du sac de jute

Préface de Dominique de Villepin

Gallimard

La présente édition de poche reproduit l'ouvrage conçu
par Marie-Claude Char et Françoise Marquet,
assistée de Yann Hendgen, à partir du manuscrit original
de René Char enluminé par Zao Wou-Ki,
conservé à la Bibliothèque nationale de France.
Cette édition de bibliophilie, tirée à 100 exemplaires,
a été réalisée en impression pigmentaire
par l'Atelier AM Msili-Jézéquel, Paris.

Sur ce chemin de lueurs

Le poème est l'amour réalisé du désir demeuré désir. Acte et surgissement dont témoigne cette œuvre qui s'offre ici à nos mains. Prenons l'affirmation de René Char à la lettre. Ici, il n'y a pas d'un côté des poèmes, de l'autre des peintures. Il y a un poème. Un désir commun et partagé, une amitié d'esprit qui se serait, comme par accident, déposée sur ces pages. Il n'y a rien d'éparpillé, il n'y a pas d'encres coulées et bues par le papier épais. Il n'y a pas de créations en regard. Il n'y a qu'une seule chimère de formes et de sens agglomérés qu'il convient non de regarder, ni même de contempler, mais d'accueillir. Son être en effet l'attend. Dans la rencontre d'un autre *désir demeuré désir*, que le lecteur lui porte d'un *œil rond*.

Ici, le désir de peinture d'un poète a rencontré le désir de poème d'un peintre. Zao Wou-Ki et René Char s'y entretiennent. L'un et l'autre ont exprimé souvent ces quêtes complémentaires, René

Char avec Georges Braque, avec Joan Miró, avec Giacometti, avec Vieira da Silva et Zao Wou-Ki avec Henri Michaux, avec Yves Bonnefoy, avec Roger Caillois, exemples parmi tant d'autres. Des étincelles splendides se sont constellées dès avant cette brassée de tisons éclatants.

C'est pourquoi il est plus juste de dire que l'œuvre commune a vu le jour. Elle a fait son chemin depuis les ténèbres de l'incréé jusqu'à la lumière, enfant exposé. Elle a été le terme d'un devenir, d'un échange façonné par le temps. Lumière et matière – voilà de quoi il s'agit. Voilà ce qui s'agite sur les pages. La création, tant du poète que du peintre, est nécessaire, puisque *la lumière a été chassée de nos yeux. Elle s'est enfouie quelque part dans nos os. À notre tour nous la chassons pour lui restituer sa couronne.* La lumière nous revient comme à des aveugles, au terme d'un labeur patient, après l'effilage, après le dévoilement, celui de la jute rugueuse, gangue de matière de mondes imparfaits. L'éclat des aquarelles de Zao Wou-Ki s'incorpore la lumière, s'étale en rhizomes sombres. Comme chaque fois chez le peintre, le surgissement surmonte le chaos, l'être s'extrait d'une catastrophe. Les origines ici hésitent. Elles se confondent. Que le verbe soit. Au commencement était la lumière. De leur différence naît l'ordre de l'existant, balbutiement du monde.

Sur ce chemin de lueurs, je veux simplement retracer, de quelques mots liminaires, la trajectoire du mouvement commun qui l'a rendu possible.

*

Painted Plates. C'est le sous-titre que Rimbaud voulut pour les *Illuminations*. C'est peut-être qu'il imaginait des fulgurances pareilles à celle-ci. Peut-être n'en aurait-il pas trouvé le peintre. Char, son héritier ou son descendant, l'a trouvé avec Zao Wou-Ki, dans ces épousailles formidables du proche et du lointain, de l'âpreté et de la douceur, de la puissance et de la grâce. Il ne s'agit pas d'illustration. Il ne sert à rien de chercher un lien de sens où des images répondraient à des poèmes. Il n'y a pas de rapport de contenu, pas de traduction d'une forme artistique dans une autre. La soumission discréditerait à elle seule le poème et la peinture. Ne se suffit-il pas, qu'il ait besoin d'être expliqué ? N'a-t-elle pas d'objet, qu'elle s'abandonne ainsi à un maître fantasque ? L'un et l'autre sont pleins. L'un et l'autre surgissent hors d'eux-mêmes. Aucune arithmétique simple, vous ne trouverez pas une image pour répondre à un poème. Confondus, les répons des solistes se font plain-chant. Ce livre ne nous montre pas des images, il nous appelle vers ses enluminures.

Tout un mystère y est convoqué, toute une célébration solennelle qui emprunte, sans jamais imiter, à une longue tradition. La main du poète court sur ces pages. Le manuscrit signe l'acte, qui, jadis, aurait été une prière ou une offrande. La même tradition s'abreuvait de couleurs parce qu'elles étaient le signe même de l'incarnation, l'enveloppe de la lumière céleste. L'éphémère du monde est saisi sur le vif, au moment de transir. Il se passe ici la même chose. Sauf Dieu, absent. Rétracté. L'enluminure est tout autre chose qu'une exposition. Peut-être même en est-elle le contraire, elle qui veut contenir la lumière, non la réverbérer. La lumière n'est plus ailleurs, miroir opaque devenu icône défigurée. Un miroir mouvant et menteur, en somme ce *Dos houleux du miroir*, que René Char évoque pour décrire la peinture de Zao Wou-Ki, en 1975. La lumière est délivrée. René Char le clame, dans *Libera I* :

> *Lueur qui descendis de la froideur sauvage,*
> *Broche d'or, liberté,*
> *Miniature demain perdue,*
> *Des robes aux yeux multipliés*
> *L'edelweiss dans sa fissure.*

Les aquarelles de Zao Wou-Ki sont de la lumière jetée sur la page, elles sont une modification, une altération de la lumière au même titre que la poésie de René Char est une alchimie de la parole, distillée jusqu'à se résoudre en pures vibrations. Traversant les voiles successifs de l'apparition, lumière et parole se drapent d'imagination et d'inconsistance dans l'âpreté de la matière. Il les faut épurer, découvrir, dégager. Dans un double mouvement, ambigu, la lumière se sécrète elle-même : elle se produit au regard, elle se met au secret. René Char comme Zao Wou-Ki sont des esclaves de la matière. Tous deux sont des affranchis qui s'en sont libérés pour parvenir à la lumière. Les nappes vertes des aquarelles enveloppent le squelette de taches sombres. L'éclat se concentre soudain en un point à l'écart des débris de ce monde de couleurs.

Le peintre et le poète se livrent à une mise en lumière, comme on parlerait d'une mise en scène. L'objet se dresse dans sa clarté. Loin de nous. Tout ici attire l'attention sur le créé, sur les linéaments d'une écriture, ses inclinaisons, sur la matérialité de la page, le souvenir bestial du vélin, les griffures et les déchirures cotonneuses de la rame et du papier. Le regard arpente les pentes et les crevasses qui se sont gorgées de couleur et ont fait corps avec elle. La lumière éclabousse la feuille. Ce qu'on guette, au gré des pages tournées, c'est la qualité de ce livre, la matière ailée qui l'arrache à l'obscurité. L'être est une résistance. Il y a là une révélation renouvelée, celle de l'art comme facture du monde. La rugosité de la jute.

Il fallait hasarder une telle rencontre. Mesurons ce qui se passe là, dans le dialogue des pages, des signes et des formes ! C'est une correspondance, non entre le Poète et le Peintre, mais entre la Poésie et la Peinture. Ce sont des correspondances.

Chairs vertes. *L'expansion des choses infinies.* Voyelles aboyantes. L'évocation est, chez l'un comme chez l'autre, puissance d'envoûtement. René Char lui confie dans une lettre datée du 4 février 1975: *votre pinceau a un éventail de pouvoirs.* Il fallait, pour se rencontrer, se connaître et s'approcher. C'est pourquoi il est si curieux de voir, dans leurs échanges, l'importance des envois de photographies des tableaux de Zao Wou-Ki. Ces empreintes lumineuses voyagent. Elles ne sont que les simulacres et les réverbérations, dans l'attente de la rencontre authentique ou dans son souvenir.

Les deux correspondances, celle des œuvres, celle des artistes, laissent surgir, subreptice, un écart. Tout le mouvement, de l'une comme de l'autre, naît d'un manque de simultanéité. Il crée le besoin, la faille mortelle du temps. *Ô ellipsoïdal épervier.* La présence dans l'absence, qui se traduit aussitôt, pour le travail de l'artiste, en une absence dans la présence. C'est en ce sens que l'*Effilage du sac de jute* est profondément émouvant. *Ta forme a cessé d'être intacte sous le voile d'aujourd'hui.* Une fois l'effilage accompli que reste-t-il d'autre à tisser que des linceuls, pour retenir les écoulements du temps, son épanchement sur la page ?

Est-ce un dialogue de sages ? Est-ce une collision d'astres emportés ? Deux mondes de formes se choquent. Deux mondes complets, cohérents, combles. Il en naît un nouvel univers. Un langage nouveau qui laisse spectateurs impuissants les artistes eux-mêmes. Comment nommer ce qui naît hors du nom ? La musique s'offre à tous deux comme plan de coupe inattendu. Dans une lettre du printemps 1980, René Char propose ainsi à Zao Wou-Ki un emplacement pour une aquarelle qui deviendrait *le premier coup d'archet ou de percussion volatile.*

Où a lieu le dialogue ? Entre les œuvres ? C'est trop tard. Entre les artistes ? C'est trop tôt. Dans l'entre-deux, faut-il croire, dans le dialogue des rêves communs, dans le silence des œuvres mutuellement contemplées. René Char l'annonce dans une lettre du 13 mai 1966 : *je rêverai longuement et longtemps devant cette part la meilleure de la Création.* Un échange, c'est-à-dire une alternance d'inspirations et d'expirations. Certains peuples ne se figuraient pas autrement la création du monde. Le partage de Zao Wou-Ki et de René Char s'accomplit en vertu d'une semblable intuition.

*

Le projet se nourrit d'un élan commun, car ce livre *sans meurtrissure*, confectionné avec soin par René Char et Zao Wou-Ki jusqu'au choix du papier, est le réceptacle et le creuset d'une *amitié admirative*. Deux mouvements conjoints des regards et des cœurs, élan contradictoire qui sépare et confond. René Char a entretenu d'abondantes relations avec les peintres. Il s'est toujours nourri de leur regard, de *l'observation tamisante du peintre*, à laquelle consent la nature, il s'y est toujours abreuvé de lueurs. Ce dialogue, il l'appelle, magnifiquement, un *appontement*. Avec Pablo Picasso, avec Vieira da Silva, avec Arpad Szenes, avec Nicolas de Staël – discrètement présent ici – en exergue de *Libera II*. Ce qu'il écrit sur leur art est miroir de sa poésie. *Sur la montagne, dans l'ombre, le jaune matinal céleste s'insinuant dans un bleu cendre ne produit pas le vert mais suscite le rose carillon, lequel harcèlera jusqu'au jour envahisseur.* Avec Georges Braque surtout, avec qui il entretient une relation artistique exclusive et une profonde amitié jusqu'à la mort du peintre en 1963. Le partage de l'élan ne confond pas les moyens. C'est Georges Braque qui nous le rappelle : *Peindre n'est pas dépeindre, écrire n'est pas décrire.* Avec Zao Wou-Ki, les relations s'intensifient au milieu des années 1960. La croisée essentielle advient avec l'œuvre de celui dont *perce le sortilège aérien et tellurique d'Orphée voyageur*, ainsi que l'écrit René Char.

Il y a un choix réciproque dans le travail commun. Il émaille les lettres envoyées et reçues. Le lien qui les unit se construit peu à peu. L'amitié mord les distances. Elle retient les sentiments, s'efface derrière une certaine brièveté avant de s'étendre peu à peu. Les lettres changent de ton. *L'amitié admirative* s'enracine. Zao Wou-Ki parle d'une *réunion de l'amitié*. Les missives ne comblent pas l'absence, elles sont de simples signes, remis à l'accomplissement de la rencontre ou à l'achèvement de la création commune. *Ah! si vous n'étiez pas si éloignés tous deux,* écrit René Char à Zao Wou-Ki et Françoise en mai 1983. Cette amitié s'élance sur le partage des deuils. Leur amitié naît à un moment difficile où tout semble s'effondrer autour du peintre et le poète évoque ces deuils *qui se précipitent sur nous et nous précipitent vers eux.* L'admiration mène à des instants de communion, ce partage qui de ligne devient lieu. *À vivre, comment dire? avec vous, avec votre ouvrage, quotidiennement, par la pensée et par la vue, par les longs canaux de l'imagination, a pour contrepartie un bêtifiant mutisme.* Quelque chose de mystique s'échange au-delà des lettres. Prenons la plaisanterie « à la lettre » : *Saintes postes françaises!* En effet, puisqu'elles assurent bel et bien l'intercession espérée dans le souffle de la Création.

Amitié née de différences. Le même fuit son semblable. Les œuvres respectives autant que les lettres échangées traduisent ce fait. Deux langues, deux tons distincts s'éprouvent et se cherchent à travers ces messages courts. Cela suppose, à l'occasion, on le sent, des heurts, des désaccords et des questionnements sur le projet commun. Le risque du malentendu guette parfois, comme dans ces lettres de janvier 1975 qui laissent deviner une sorte de froid, d'impatience. En comparaison des autres, le ton adopté par Zao Wou-Ki se fait si différent, le style si inhabituel, presque apprêté. Des retards et des imprévus. Pourquoi en parler ? C'est qu'ils sont, je crois, dans leur contingence, consubstantiels de la vibration indivise qui se jette ici sur le papier. C'est le grain même de l'amitié, la rugosité des hommes à nu, de l'arpenteur de la Sorgue et du pèlerin des confins, de l'Ici et de l'Ailleurs.

Cet ouvrage magnifique n'est pas né casqué. Il a attendu, longtemps, dans les forges du temps, avant de se produire. Il y a reposé, aussi, avant de pouvoir se reproduire. Trente années séparent la création, en 1979 et 1980, et ce livre-ci, né de la complicité de Marie-Claude Char et de Françoise Marquet. Il y a chez Zao Wou-Ki et René Char un commun mûrissement de l'œuvre, comme si l'enluminure se saturait peu à peu de lumière, comme un dépôt photographique sur l'albumine des expériences humaines. C'est que l'œuvre est aussi ténacité, lutte contre les résistances de la matière, du temps, du monde. Le tableau fait oublier la main. Il paraît simultané, à plat sur le temps, alors qu'il est hérissé de combats. Cette persévérance, la correspondance l'évoque bien des fois, lorsqu'il s'agit des choix les plus concrets, du papier, de l'encre, lorsqu'il est question de discussions et de négociations avec les éditeurs. Rien ne se fait à la légère. Les retards de courrier, les insistances, les impatiences. Le sac de jute est là pour nous le rappeler, invitation à une double méditation sur la matière et sur le travail. Le labeur écorchant et grossier, le contact avec la terre spumeuse se fait toujours dans *le chant tutélaire de la résine.* Cette toile rugueuse nous laisse *toujours écrus entre l'être et le dire.*

*

Que se passe-t-il, au juste, dans l'intervalle de ces pages magnifiques ? Nous assistons, je crois, à l'accrétion inoublieuse des cultures, des traces, des vestiges, des échos de longues traditions jointes. De part et d'autre, la page se couvre du Signe qui porte en soi la beauté, calligraphie vraie. Au moment où sont peintes ces enluminures, Zao Wou-Ki revient aux encres, longtemps abandonnées au profit de l'huile, parce qu'elles lui semblaient empesées d'une tradition picturale hiératique et momifiée. Il les retrouve sur son itinéraire, par nécessité intérieure. *L'étendue de la mémoire assourdie, l'astre de tous le moins guérissable. L'effilage du sac de jute* est aussi ce labeur par lequel l'Artiste se libère de l'œuvre accomplie avant lui, toile de Pénélope aux alternances harassantes dont la trame s'évanouit pour laisser transparaître le temps lui-même.

Des frémissements d'encres sombres semblent tisser un lien nouveau, essentiel, avec les lignes régulières et patientes des poèmes. Ils se répondent trait pour trait. Les intentions s'entrepénètrent. Le mot disparaît dans l'embrouillement du tracé. Il se marie en une seule élévation. Il quitte la page, se dilue. Chez Zao Wou-Ki, la dilution n'est jamais accident ou atténuation, mais toujours le surgissement de l'essentiel, l'expression même du chaos primitif qui habite ses œuvres. Le registre des couleurs, semblent nous dire ces aquarelles, importe peu. Il peut sembler restreint. C'est qu'il est tout entier tendu vers une recherche, celle de ce point d'équilibre entre sa valeur et son écoulement dans le monde. La couleur est soumise à un désastre créateur d'où elle sort nimbée de perfection. Elle est allée chercher non son éclat, mais sa lumière. Car voilà la révélation étonnante de ces aquarelles, la lumière n'est qu'un désordre de la matière.

La rencontre du *peintre diluvien*, en qui René Char célèbre un *prophète pressé*, et du poète du *désastre* s'accomplit, au sens que prend le mot dans les Passions médiévales, lorsqu'elles reprennent leur litanie : *Accomplir faut les Écritures*. Le commencement est fin, le chaos et l'ordre ne font qu'un. L'œil parcourt les aquarelles de Zao Wou-Ki comme une main plongerait derrière le miroir, pris du vertige des attractions vers les formes dansantes qui s'échappent de creusets élémentaires, taches superposées puis entremêlées dans l'effusion. C'est le lexique de la vie comme organisation de la matière, toute une biologie peinte. Il y a là comme un surgissement orphique qui fouille la nature et la matière gisante, une autre connaissance en guise de viatique à un monde borgne.

Les encres établissent le dialogue fragile de l'étendue et du mouvement. La puissance matérielle se concentre et se déploie sur la page, l'explore et la conquiert. À mesure que progresse le livre, elles se font plus sûres. Elles ont dévoré le jour. Les surfaces ténues de roses grisés se livrent en larges pans bleus et verts. L'invocation devient peu à peu une évocation. Presque un paysage primordial, une végétation de l'esprit. Regardons cette double page où s'étale en taches multiples une large bande médiane, en étau entre le haut et le bas, entre l'air et la terre. La naissance de l'être renouvelle son mystère.

En ce sens, ce qui nous est donné à voir, ce sont des horizons, les accumulations qui figurent l'espace infini à l'œil immobile. Le proche et le lointain confondus, le monde qui se lève devant nous, dans sa propre lumière. Peut-être la matière même de la page est-elle devenue une illusion. La peinture n'a plus de lieu, pas plus que le sens du poème n'est là, dans la coprésence des lettres tracées. On ne sera pas surpris alors, ni par les compositions horizontales qui construisent les pages, qui prennent même appui sur le cadre du papier pour se fortifier, ni par l'échappement auquel donnent lieu ces horizons, parce qu'ils sont des instances d'attraction et d'expulsion, pas des lieux habitables. Des ardeurs dansantes en jaillissent pour conquérir les espaces concrets, la froide extériorité des univers infinis. Les sons de la parole poétique lancent le même assaut, depuis la même forteresse primordiale, comme une lutte mythique, un Mahâbhârata d'avant la forme.

La succession des pages n'est qu'un pis-aller. C'est une composition complète qu'il faut avoir ici à l'œil. En fait, une constellation de signes. Il ne s'agit pas d'un lyrisme répondant à une figuration, mais de deux créations qui, chacune dans sa matière, dépouillent son art, le rongent et le dissolvent jusqu'à la trame du sac de jute, jusqu'au squelette. Il s'agit de la Parole et de la Figure en tant que Poésie, une recherche chimique du signe pur. Les pages conservent l'empreinte de la recherche, mais on ne peut s'empêcher d'éprouver une certaine mélancolie devant l'évanescence du signe, qui s'est révélé ici n'être qu'une force qui organise l'incréé. Nous contemplons ces miniatures, ces enluminures, avec le même regard que le monde habité par le vide. *La poudrière des siècles* l'indique : *Les nuages, en archipel précipité, ne sont pas affilés par nos tournures sombres mais bien par notre amour.*

*

Ce livre est un commencement. Qui, comme tous les commencements, poursuit en réalité des trajectoires lointaines. Aube de l'art et du monde, puisque chez Zao Wou-Ki comme chez René Char, les deux sont inséparables. C'est un surgissement toujours à l'œuvre d'éclats en fusion. Le livre se referme sans avoir fini de s'engager. Aucun poème, aucune aquarelle ne viendra le conclure. C'est impossible. L'effilage se poursuit parce que la matière ressurgit partout où elle a été décomposée et désagrégée, s'organisant du même mouvement qui a entrepris de la déconstruire. Le sac de jute résiste. Le grand œuvre se poursuit, mais, dans la fournaise, il a réagi. Et ce livre en est le précipité. Ces mystères nous invitent à les décrypter sans cesse à nouveau, c'est-à-dire à les extraire de la crypte qui les cache pour les exposer au jour, à y ressourcer notre regard sur le monde, à scruter les profondeurs d'un désastre serein, à *faire du chemin avec* de si merveilleux compagnons.

DOMINIQUE DE VILLEPIN

Effilage du sac de jute

René Char

Le doigt majeur

Au terme du tourbillon des marches,
la porte n'a pas de verrou de sûreté:
c'est le toit. Je suis pour ma joie
au cœur de cette chose, ma douleur
n'a plus d'emploi. Comme dans les
travaux d'aiguille, cette disposition n'a
qu'un point de retenue : de la pierre
à soleil à l'ardoise bleuâtre. Il
suffirait que le doigt majeur se
séparât de la main et, à la
première mousse entre deux tuiles
glissantes, innocemment le passage
s'ouvrirait.

Louange moqueuse

— Tardillon, les tendres ornières à l'approche
de tes roues refoulent précipitamment vers
les talus. Mais que tu es resté turbulent !

— Regarde qui vient. Regarde comme il
vient de loin. Et prends à ton compte
sa faim, si tu le peux.

Il est fils d'aveugle. Ni approbateur,
ni écornifleur. Ceux-là savent sans apprendre,
ce sont les vrais gerboyants. L'analogie a
deux index pour les monter. Mais que
longue est la course qui nous unit à eux !

L'écoute au carreau

Pour l'agrément d'un instant j'ai chanté le givre, fils du dernier spasme de la nuit d'hiver et de l'éclair arborisé du petit jour, avant-coureur piétiné des longues présences du soleil. Mon givre ! Tué par la cupidité de celui qui n'osa pas t'aborder avec franchise : « Que ce qui émerveille par sa fragilité s'étiole dans l'ombre ou périsse ! Mon ardent ouvrage presse. » Son ardent ouvrage presse !

Parmi les éléments disséminés dans l'étendue de la mémoire assourdie, l'astre de tous le moins guérissable.

Azurite

Nous aurons passé le plus clair de notre
rivage à nous nier puis à nous donner
comme sûrs. Une hécatombe n'est aux
yeux de la nuée humaine qu'un os
mal dénudé et tôt enfoui. Destin
ganglionnaire à travers l'épanchement
des techniques, qui paraît, tel le cuivre
au contact de l'air, vert-de-grisé.
Quelques météores réussissent à percer la
barrière, parlant de court au bec jaunet
d'un oisillon de feu qui pleurait à
son ombre, quand tombait le marteau
du roi chaudronnier.

L'enfant à l'entonnoir

Un rêve est son risque, l'éveil est sa terreur. Il dort. Si un vœu à l'écart, s'enfuyant de lui, pouvait être encore lancé, le petit dormeur, qu'il s'élève dans l'air, un maillet au poing, sinon il sera lié au cerceau du tonnelet par des mains expertes ! Il dort. La noria et le raisin ne se guettent plus l'un l'autre. Druidique, il dort. Bredouille le miroir, parle au cœur le portrait. Et s'éveille à lui-même.

Les vents galactiques

— Que fait ton amour, alors que, la maison achevée, tu t'occupes de dresser pour, lui un parterre de fleurs, d'élargir une allée de graviers nains, de broder et d'ajourer la calotte nocturne du ciel pour l'arrière de sa tête?

— Jalonnant la campagne, il jouit d'une autre aise, il creuse des fossés, il enjôle des murs, il rêve d'un cheval gris qui piaffe sous les pommiers.

La collation interrompue

Éloignons-nous d'ici. Rompons la collation. La bétonnière au collier de fer à laquelle nous sommes promis ne cesse dans son fracas d'îlote de répéter : « Jamais plus ! »

La terre de mon siècle, ses visages grattés, affiche de nouvelles humeurs. Elles croulent plus lourdes et spumeuses ; même le chant tutélaire de la résine n'apporterait contrepoids à tant de maux.

Nos totems sont faibles. On le découvre sans se garder à distance. Nous partons pour ne pas voir poindre l'étalage du poissonnier avant le retour des poseurs de filets.

Hors de nos mains les anses de la marmite ! y cuit l'amanite panthère après les souples confitures !

Ici, toujours écrus entre l'être et le dire, sans enfièvrer ceux qui ne dorment pas. Là-bas, le cri pressant du loriot, et mûrissent les figues.

Que dit la menace ?
Tout est nouveau, rien n'est nouveau. Les yeux qui nous approchent ont toujours leur content. Larmes en été ourlent le fossé.
Le chien casse sa chaîne et, plus noir que noir, fuit par la brèche du vallon. La source s'arrondit aux abords de la lèvre. Par la pierre voulue, elle est déviée. Si savante, plus bas, l'eau à se perdre.

La moindre aiguille de pin s'ouvre au pied qui la frôle. Promise aux promesses du seul feu, comme elle est nette, la ravissante !

Étroit autel

un pas s'éloigne, deux chiens aboient,
et la nuit se rencogne.
Le commissaire aux comptes des ténébreux méandres
Part mesurer la gîte du bateau de la vie,
Entre la marée et le havre.
Il ne peut différer. Il n'est que de l'attendre.
Même serrant les lèvres il viendra nous unir,
Tant nos poitrines se rejoignent;
Tant la course enrichit le risque,
maintenant que brûle notre château de goudron.

Captivité dorée ici, et noire dans l'espace;
Haïr, chercher à fuir, ô candeur de la nuit!
Tout l'actif d'une nuit sans une invraisemblance.

Ibrim

Le souffle restait attaché à sa maigre personne comme un enfant se tient au bord d'une fenêtre ouverte sans pouvoir se reculer ni s'élancer. L'étroitesse des dons sous l'horizon plaidait pour sa souffrance, mais le temps qui sait n'incommodait pas ses heures, non plus que le vertige d'être au monde.

Quand mon ami Ibrim, le valet de charrue, fut porté en terre, quelque part une pendule d'angle, onze fois, le remercia. Lui proche de la mer et rendu à ses vignes.

Récit écourté

Tout ce qui illuminait à l'intérieur de nous gisait maintenant à nos pieds. Hors d'usage. L'intelligence que nous recevons du monde matériel, avec les multiples formes, au-dehors nous comblant de bienfaits, se détournait de nos besoins. Le miroir avait brisé tous ses sujets. On ne frête pas le vent ni ne descend le cours de la tempête. ne grandit pas la peur, n'augmente pas le courage. nous allons derechef répéter le projet suivant, jusqu'à la réalité du retour qui délivrera un nouveau départ de concert. Enserre de ta main le poignet de la main qui te tend le plus énigmatique des cadeaux : une riante flamme levée, éprise de sa souche au point de s'en séparer.

une barque

une barque au bas d'une maison —
un franc-bord l'en sépare — attend
le passager connu d'elle seule. Où
enfin s'achemineront-ils ensemble ?
L'hiver entier dort sa force sans
que les roseaux soient froissés. À
travers le silence à peine incisé
la réponse est blanche. Les jeteuses
de feux, la nuit, ne répètent pas
mot pour mot sur ces eaux calmes.

L'ardeur de l'âme

Dame qui vive, c'est elle ! cœur loué,
c'est le vent qui bosse. Il l'embellira
en la décrivant à ceux qui n'ont
pas rencontré son ardeur.

On ne retient pas, dans la nuit
où nous sommes, une dame frondeuse
à l'ascendance chimérique. S'il te plaît
de décider qu'elle existe, elle saura délivrer
un cœur altéré et le remettre aux
folies de l'esprit avant de se fondre
dans le voisinage. Ou répéter à la
joie qui meurt que la dernière neige,
comme la première, est toujours bleue
si le vent la fait tourbillonner.

Éprise

Chaque carreau de la fenêtre est un morceau de mur en face, chaque pierre scellée du mur une recluse bienheureuse qui nous éclaire matin, soir, de poudre d'or à ses sables mélangée. Notre logis va son histoire. Le vent aime à y tailler.

L'étroit espace où se volatilise cette fortune est une petite rue au-dessous dont nous n'apercevons pas le pavé. Qui y passe emporte ce qu'il désire.

La poudrière des siècles

Sur une terre d'étrangleurs, nous n'utilisons,
nous, que des bâtons sifflants. Notre
gain de jeu, on sait, est irrationnel.
Quel souffleur pour nous aider ?
Par le bec d'une huppe coléreuse,
nous entendons la montagne se plaindre
du soi-disant abandon où nous la
laisserions. C'est mensonge. Les nuages,
en archipel précipité, ne sont pas affilés
par nos tournures sombres mais bien
par notre amour. Nous rions. Nous
divaguons. Une miette frileuse tombe
de ma poche et trouve à l'instant
preneur. On ne pend personne aujourd'hui.

Dans une enclave inachevée
Tout l'art sur l'épaule chargé,
Creuse son trou le soleil.
Est épongé le peu de sang.

Voyageurs

Sûrs de nos moyens, nous ne devrions pas émigrer mais coudoyer le monde, ne pas le brutaliser ni le certifier vottement, mais lui marquer combien nous lui sommes attachés, et sans l'avoir spacieusement produit. Nous garderions indemne vers l'intérieur une étoile naine au bord de son nid, tel un enfant forestier dans le carré de son abri, tandis que ses parents abattaient à la hache le seul bois nécessaire à leur convenance.

Hommes aux vieux regards, nous vous en prions : au va et vient du dur pendule, faites fermenter. Sans trop d'aigreur ni de secousses, sans trop de haine ni trop d'idéal.

Monde aux bleus regards, te voici lavé, rêvant l'avenir. Et quelles miroitantes oreilles !

1980

Libera I

Lueur qui descendis de la froideur sauvage,
Broche d'or, liberté,
miniature demain perdue,
Dérobe aux yeux multipliés
L'edelweiss dans sa fissure.

Fauverina qui ne sus te cacher,
Beau spasme d'un haut barrage,
A nouveau il faut s'étourdir,
Lors que s'arrondit la pivoine,
Ma fleur qu'aucune n'abaissa
Durant son flot de plénitude.

Ô parure si peu rouée,
Tu succombes à la canicule.
De quoi vivais-tu ? De ma faim.
Comme Brigande et Décevance
Brisant la soie de leur corsage.

Libera II

A N. de S.

approche de cette percée : la rose, dont la mort
    sans hébétude
Te propose une mort apparentée.
Tu flâne autour de l'élue ; tu la trouves ordinaire
    bien que fille de noble rosier.
La fleur de lin, l'aphyllante, le cyste rustique
    demeurent les préférés,
ceux sur lesquels tes yeux s'abaissent dans le calme
    et dans l'aride.
mais la rose ! Justement cette nuit on a tiré
    sur elle.
Le trou adulateur à peine se distingue à la
    base de la nouée.
meure la rose ! Sa vraie ruine ne s'achèvera
    qu'au soleil disparu.
Elle aspirait à s'air humide de minuit,
    à l'écoute d'un rare passant.
Il vint. Elle et toi à présent avez blessure
    égale.
Ta forme a cessé d'être intacte sous le voile
    d'aujourd'hui.
nulle rémission pour toi ; nulle retenue
    pour elle.
Le coup silencieux vous a atteint au même
    endroit, de l'aile et du bec à la fois,
Õ ellipsoïdal épervier !

Équité et destruction

Vint l'unique jour d'équité de l'année,
en entier déroulé sur l'aube de chacun.
Pas la mienne. Jour qui se glissait
dans mes larmes, elles l'avaient récusé;
jour m'exhortant à sortir sous son ciel
isabelle pour niaisement le vanter. Et le
revoir annuellement bleui par sa suffo-
cation et les esclandres! Jour sans
antériorité ni lendemain! Un tel jour,
du coulisseau à l'abdomen! Voit-on cela?
Cuirassé de raideur, pommelé de compromis,
et m'invitant à me vêtir devant lui
de dignité! Sinon me suppliant de
faire vite et de mourir. Dérision
dernière-née : le renverser par un louche
coup d'État.
Ô fraise à la chair liliale, les neuf
énarques dressent pour toi un plan
convertible d'occupation des sols
carbonisés.
Ce fut l'unique jour d'équité
de l'année, en entier déroulé
sur l'aube de chacun.

(1978 - 1979)

18 poèmes de René char
10 aquarelles de Zao Wou-Ki
30 juin 1980

—

LETTRES EN CHEMIN

Correspondance
René Char - Zao Wou-Ki

13 mai 1966

Mon cher ami,

Votre pensée – ce très beau tableau de vous que vous m'offrez – me touche et m'émeut profondément. Comment vous dire un merci à sa mesure ? Je rêverai longuement et longtemps devant cette part la meilleure de la Création, devant l'admirable privilège.

Nous avons été heureux de votre accueil, seulement attristés par la maladie de votre Compagne pour le rétablissement de laquelle nous formons des vœux affectueux.

Croyez, mon cher Zao Wou-Ki, à mon fidèle attachement,

René Char

21 avril 1971

Cher Zao Wou-Ki,
Votre pensée de m'offrir l'ouvrage de Rimbaud que vous avez illustré m'a beaucoup touché. J'aime que vous accompagniez Rimbaud avec tant de justesse, et de ferveur aussi.
J'ai prêté à l'exposition de la Fondation Maeght à Saint-Paul votre grande peinture qui se trouve toujours dans mon appartement de Paris. Merci pour le dessin à l'encre de Chine que vous avez prêté de votre côté.
Admiration et amitié,

René Char

L'Isle-sur-Sorgue
6 mai 1974

Cher Zao Wou-Ki,
Votre lettre qui accompagnait votre lithographie m'indiquait que votre départ pour la Chine était imminent. Cette lettre ayant tardé à me parvenir, j'ai pensé que vous étiez parti et ne me suis pas pressé de vous répondre... Excusez-moi.
Il va de soi que j'écrirai le texte pour le catalogue de votre exposition, avec joie, votre œuvre m'est chère et vous le savez. Simplement, lors d'un de mes voyages à Paris, j'aimerai voir, avant d'écrire, les tableaux qui figureront à la Galerie de France.
Et savoir également la date approximative où je devrai remettre mon texte pour l'impression du catalogue. C'est tout. Merci pour votre belle litho.
Croyez-moi, cher Zao Wou-Ki, fidèlement et amicalement à vous,

René Char

Paris
10 septembre 1974

Cher René Char,
Merci beaucoup de votre lettre datée du 9 sept. 74.
Je suis désolé d'apprendre que vous étiez malade.
J'espère que tout va bien pour votre santé mainte-
nant.
1/ Pour la préface de ma prochaine exposition, qui
aura lieu vers le 15 avril 75 et durera deux mois. Sur
la question du format du catalogue, la longueur du
texte, je demande à Mme Myriam Prévot-Douatte
de vous écrire de suite pour avoir tous les rensei-
gnements le plus rapidement possible et je suis ex-
trêmement touché et sensible que vous acceptiez
d'écrire cette préface.
2/ Pour les photos de mes tableaux. Malheureu-
sement, il y a une partie des photos en couleurs
qui sont encore chez l'éditeur Connaissance de
Bruxelles (texte de Jean Laude, qui va sortir vers
le 15 oct. 74. Je demanderai qu'il vous envoie un
exemplaire quand il sera sorti) et certaines pho-
tos en couleurs sont chez Skira (coll. Sentier de

la Création, texte de Gaëtan Picon et Alberte Grynpas). Je vous envoie quelques photos en couleurs et quelques photos en noir de mes grands tableaux. Malheureusement, les noirs et blancs ne représentent pas assez mon travail. (Dimensions indiquées derrière les photos en noir et en haut ou à côté sur les photos en couleurs.)

3/ Pour les livres de luxe, nous allons les faire avec 15 lithos en couleurs. M. de Muga m'a laissé choisir l'imprimerie à Paris pour exécuter les lithos. Je pense qu'il n'y aura pas de problème technique, sauf pour le texte. Je peux compter sur Yves Rivière pour composer les pages. Si vous voulez bien, nous pouvons en parler sérieusement après mon retour de Chine vers le début novembre.

Avec toutes mes amitiés sincères et admirations profondes,

Zao Wou-Ki

14 septembre 1974

Cher Zao Wou-Ki,
Merci pour l'envoi des photos de vos peintures,
c'est bien arrivé ce matin. Ainsi je pourrai déjà bien
songer au texte que je vais écrire pour vous.
Nous aurons, à votre retour de voyage, l'occasion de
vive voix de nous entretenir du projet de notre livre.
Je serais heureux qu'il se réalisât.
Avec mes pensées fidèles et amicales,

René Char
Quand vous serez de retour veuillez m'en aviser,
afin de nous voir à Paris.

6 janvier 1975

Cher René Char,

Il y a plus d'un mois que je vous ai écrit une lettre pour savoir quand vous pouvez venir à Paris ; je serai entièrement à votre disposition pour vous montrer mes œuvres récentes, à partir desquelles vous avez la gentillesse de bien vouloir écrire une préface pour ma prochaine exposition à la Galerie de France.

Mais je n'ai jamais reçu votre réponse. J'espère que tout va bien pour vous, et que l'année 1975 sera une année heureuse et tous mes meilleurs vœux pour tout.

Amitiés fidèles de

Zao Wou-Ki

8 janvier 1975

Mon cher ami,

Ces semaines, avec des difficultés de santé répétées, m'ont empêché de m'exprimer. Excusez-moi, je vous prie.

Il m'est impossible de me déplacer pour l'instant, c-à-d de venir à Paris. Mais les photos de vos toiles me suffisent.

La Galerie de France ne m'a jamais écrit. Comme elle ne m'envoie pas ses catalogues d'expositions, je ne vois pas comment matériellement cela se présente pour le texte que je dois écrire sur vous.

Or, je ne puis travailler au hasard. Merci de demander qu'on m'adresse une sorte de maquette* du catalogue futur pour l'exposition (dimensions, nombre de pages approximativement. Y aura-t-il des textes de plusieurs personnes?) Dernière limite (exacte) pour la remise de mon texte?

Je vous envoie mes meilleures pensées cher Zao
Wou-Ki. Quant aux vœux, hélas ! C'est la bouillie.
Je préfère des pensées bien concrètes.
Votre ami,

René Char
*papier seulement sans photos avec les indications
toutefois

Cher René Char,

J'ai bien reçu votre lettre et je vous en remercie. J'ai dû attendre le retour de Mme Myriam Prévot-Douatte, Directrice de la Galerie de France, pour lui parler à nouveau du catalogue de l'exposition. Elle s'occupe actuellement de réunir toute la documentation nécessaire et doit vous écrire pour vous donner des détails précis. Vous êtes bien évidemment le seul qui écrive dans ce catalogue, aussi la longueur du texte est laissée à votre discrétion.

Je vous adresse le catalogue de l'exposition Alfred Manessier qui a lieu à la Galerie actuellement. Le mien sera de même format et composé dans le même style.

Il y aura, outre les exemplaires de tirage courant, 100 exemplaires de luxe avec une gravure originale pour les livres de tête.

Je vous envoie également quelques ektachromes de mes peintures les plus récentes qui figureront dans le catalogue (à ce propos pouvez-vous m'adresser toutes les photographies lorsqu'elles ne vous seront plus utiles ?)

Cette exposition présentera uniquement des œuvres de grand format. Comme elle aura lieu en mai 1975, vous est-il possible de m'adresser votre texte début avril 1975 ? (ou à la Galerie de France)

Je vous remercie de votre confiance et de votre amitié et croyez bien sûr en la mienne.

Bonne santé avec tous mes meilleurs vœux,

Zao Wou-Ki

4 février 1975

Cher Zao Wou-Ki,

Vous voudrez bien trouver, avec ce mot, les reproductions et ektachromes de vos œuvres que vous m'aviez, sur ma demande, adressés. Cela m'a été très utile, et ces derniers jours encore, car votre pinceau a un éventail de pouvoirs, parfois assez différents. Et je ne travaille pas comme un journaliste. Vous avez pu, à propos d'autres que vous, vous en rendre compte avec *Le monde de l'art n'est pas le monde du pardon.*

Vous recevrez mon texte à temps. Excusez-moi de vous avoir fait part de mes difficultés de santé. Cela est absurde et inintéressant, parfois indécent, mais ce genre de barrage doit être nommé dans certains cas (rapidement).

Le catalogue de Manessier présente les textes selon une lisibilité tout à fait maniériste et médiocre. Les lignes d'écriture ont le hoquet! Lire est impossible sans irritation grandissante. [...]

Je désire soit: un texte cadré et mis en page sans ligne d'inégale longueur, soit mon texte reproduit

en manuscrit, que je vous confierai. Je ne pense pas être exigeant en sollicitant cette attention !
[…]
Croyez-moi, Cher Zao Wou-Ki, bien votre

René Char

Paris
6 février 1975

Cher René Char,

Je reçois votre lettre aujourd'hui et je vous en re-
mercie. Je comprends très bien vos réticences quant
au catalogue de Manessier. La reproduction de
votre texte manuscrit serait, je pense, la meilleure
solution.

Cela ne doit pas poser de problème à l'éditeur. Je
m'étonne que la Galerie de France ne vous ait pas
encore écrit. Je ne manque pas de le rappeler à
Madame Myriam Prévot-Douatte, dès que possible.
[…]

Croyez bien sûr à mon amitié toujours fidèle.

Zao Wou-Ki

L'Isle-sur-Sorgue
30 mars 1975

Cher Zao Wou-Ki,

Parmi les entraves de ces temps difficiles ma pensée est allée auprès de vous souvent, en particulier quand vous m'avez fait part de la mort de votre mère. Ce sont là des afflictions qui taillent, et coupent dans le cœur présent, le présent autant que l'ancien.

J'ai achevé mon texte sur vous. Le voici. J'en adresse le manuscrit à Madame Prévot-Douatte, par ce même courrier, pour sa reproduction au format du catalogue, d'après les indications précises. Le parcours de ce manuscrit est de 4 pages. Je l'ai écrit sur papier glacé fort. J'espère qu'il viendra bien. J'ai prié Madame Prévot-Douatte de vous le remettre après impression, je suis heureux de vous l'offrir en souvenir de ce moment privilégié.

Quelle est la date de l'exposition? Exactement. Et sa durée? Nous nous verrons à cette occasion, à Paris. Nous pourrons alors parler du livre projeté. Vous m'informerez sur l'éditeur espagnol dont j'ignore les talents.

Bien amicalement,

René Char
Je vous renvoie les 3 derniers ektachromes que je détenais de vos œuvres.

Cher René Char,

Depuis mon retour de Chine, je vous ai écrit une lettre, j'espère que vous l'avez bien reçue.

Pour le projet d'un livre avec 15 lithos, si vous n'êtes pas d'accord, je serais très heureux de le savoir. Je comprends très bien que vous hésitiez sur la qualité de l'édition espagnole (Poligrafa). Je pense que mon admiration et amitié profondes toujours fidèles m'aident à comprendre parfaitement votre attitude. Je recommence à travailler avec beaucoup de mal depuis la mort de ma femme (1972), d'un jeune frère de 35 ans (1973) (par accident suite à une fuite de charbon) et ma mère en 1975. Je suis frappé souvent et trop par le malheur. Il est dur de vivre en paix. Hélas. Je vous envoie deux livres qui viennent de paraître sur moi, et notre petit livre figure dans le catalogue d'estampes.

Avec mes amitiés fidèles,

Zao Wou-Ki

Paris
6 avril 1975

Cher René Char,
J'ai été très touché par la beauté de votre texte. Je vous remercie infiniment.
L'exposition aura lieu le 4 juin jusqu'à fin juillet 75 et recommencera tout le mois de septembre 75.
J'espère que nous nous verrons à Paris. Comme vous me l'écrivez, nous parlerons du projet de l'édition espagnole.
Dès que mon catalogue sera imprimé, je vous adresserai autant d'exemplaires que vous souhaitez.
Encore merci, acceptez mon amitié toujours fidèle,

Zao Wou-Ki

Merci, cher Zao Wou-Ki, de m'avoir envoyé ces deux ouvrages indispensables sur vous, que je n'avais pas. Oui, deuils et maux se précipitent sur nous et nous précipitent vers eux, comme s'il nous fallait garder un lien de solidarité incessant avec eux…

Vous n'avez pas été épargné.

Je reste votre fidèle ami.

René Char

24 mai 1975

Merci pour votre pensée, cher Zao Wou-Ki. Votre tableau est devant mes yeux depuis ce matin.
En toute amitié,

René Char

21 juillet 1975

Cher Zao Wou-Ki,
Je suis très touché du beau livre « nominatif » que
vous avez eu la pensée de me dédicacer, avec Roger
Caillois.
Nous nous verrons, j'espère, à l'automne. Les
moindres mouvements de ces ans 1974-1975 m'en-
fermaient dans un cercle qu'il m'était douloureux
de franchir. Mais vous savez les choses qui ne méri-
tent que le silence. Votre ami,

René Char

Ibiza
28 juillet 1975

Cher René Char,

Je vous écris d'Ibiza où je passe d'agréables va-
cances. J'ai quitté Paris le 12 juillet et ne rentrerai
que le 23 août.

L'exposition ferme, bien sûr, avec la Galerie, pen-
dant le mois d'août. Elle ouvrira à nouveau le
25 août, jusqu'au 1er octobre. Je suis heureux de
vous annoncer qu'elle connaît beaucoup de succès.
Notre catalogue a suscité, je dois bien le dire, l'ad-
miration de très nombreuses personnes, dont notre
ami Henri Michaux. Il parle de votre texte comme
d'un «bonheur poétique» qui donne une grande
ampleur à mes tableaux. Vous, seul, pouviez faire
cela. Les re-lectures de votre préface, lui ont, m'a-
t-il dit, donné de grandes joies.

Ne vous étonnez pas de voir, derrière le tableau
que je vous ai adressé, un nom biffé. C'est le mien.
J'avais gardé cette toile pour ma collection. Sans
doute avez-vous reçu, depuis, le livre de Roger
Caillois, imprimé à votre nom. Ce que je ferai avec

Poligrafa sera plus important et de même qualité. Il y aura 15 lithos et gravures. Êtes-vous tenté par cette expérience ? Je devrais commencer le travail en octobre, le livre sortira dans 1 an et demi environ. Pensez-vous venir à Paris bientôt ? Votre santé vous le permet-elle ? Si oui, nous pouvons aller voir l'exposition ensemble, puis dîner.
Avec toutes mes amitiés fidèles,

Zao Wou-Ki

4 octobre 1979

Merci, cher Zao Wou-Ki, pour votre dessin qui me touche et me confie une parcelle de la marche de votre œuvre à laquelle je voue un attachement qui ne faiblit jamais.

En janvier (le 15) une exposition de mes manuscrits enluminés et livres illustrés aura lieu à la Bibliothèque nationale, et cela jusqu'au 30 mars. Naturellement notre livre *Les Compagnons dans le jardin* y sera exposé ainsi que les 4 gravures à grandes marges que je tiens de vous et de Broder. Je me réjouis et vous assure de mon admiration et de ma reconnaissance fidèles.

René Char

8 avril 1980

Cher ami,

Votre pensée de m'offrir, pour mon exemplaire des *Compagnons dans le jardin,* les 4 gravures dès leur première étape en gouache d'essai, me cause un vrai plaisir, vous vous en doutez. J'ai pour ce livre une franche prédilection. Vous l'aviez subtilement et magnifiquement illustré.

J'aimerais beaucoup que vous soyez présent dans la collection de mes manuscrits enluminés. Nos chagrins respectifs m'avaient fait retarder de vous exprimer ce désir profond. Si vous êtes d'accord, merci de m'écrire quel choix de poèmes aurait votre préférence ? Je vous suggère à tout hasard une quinzaine de poèmes dans *Le Nu perdu* ou *Effilage du sac de jute* dans *Fenêtres dormantes et porte sur le toit* (16 poèmes).

Songez au format et à la qualité du papier.

Je vous assure, cher Zao Wou-Ki, de ma très amicale admiration.

René Char

Paris
11 avril 1980

Cher ami,
Merci beaucoup de votre lettre datée du 8 avril.
Votre idée de *Le Nu perdu* ou *Effilage du sac de jute*
est excellente. Je serai ravi de travailler quand j'au-
rai trouvé le papier et le format qui nous convient.
J'espère que vous avez reçu mon livre *Encre* par la
poste en bonne condition.
Amitié fidèle de

Zao Wou-Ki

18 avril 1980

Cher Zao Wou-Ki,

Votre livre *Encre* est superbe, arrivé sans la moindre meurtrissure. Ces encres établissent dans votre œuvre un nouveau territoire, un continent de lavis que l'édition permet de pénétrer et de relever pas après pas dans sa nouveauté méticuleuse.

L'introduction de Henri Michaux, se ramassant et se traçant sur le très beau poème qui la termine, est un signifiant sans pareil, et pourtant combien silencieux et assuré.

Le lavis que vous avez eu la générosité de m'offrir, j'ai été heureux de le retrouver là. Je l'aime beaucoup. Le mur de la pièce où je travaille l'a accueilli ; entre Vieira et Giacometti.

Quand vous aurez le loisir d'arrêter votre choix de papier et son format pour notre manuscrit – et quels poèmes, aussi, vous conviennent – je me mettrai au travail.

Fidèlement et admirativement votre,

René Char

22 avril 1980

Cher ami,
Je suis heureux de votre accord pour un manuscrit enluminé.
J'attends de recevoir de vous le papier que vous aurez choisi et l'indication des poèmes que vous souhaitez illustrer.
Bien amicalement à vous,

René Char

5 mai 1980

Cher ami,
Le papier que votre lettre annonçait n'est pas encore venu à ce jour... Il y a eu des grèves de postiers. Elles sont fréquentes, mais généralement, quelquefois avec de très grands retards (15 jours et plus), lettres et paquets arrivent...
[…]
Croyez cher ami à mon amitié admirative.

René Char

10 mai 1980

Cher Zao Wou-Ki,
Votre paquet de beau papier posté le 18 avril est
arrivé aujourd'hui 9 mai... Saintes postes françaises !
Le paquet, malgré le très bon emballage a quelques
feuilles cornées, ou froissées. Mais cela peut, je
crois, être arrangé.
[...]
En toute amitié.

René Char

17 mai 1980

Cher Zao Wou-Ki,
Je vous envoie en un paquet expédié en lettre le manuscrit de *Effilage du sac de jute*, avec ici et là des indications au crayon, à gommer au fur et à mesure que vous en prendrez connaissance. Ce sont plus des suggestions que des indications. Libre à vous d'agir comme vous en déciderez, naturellement.
Le texte est écrit à l'encre de Chine. L'emboîtage sera le même – couleur bordeaux, chemise grise intérieure, lettres dorées – que celui des autres manuscrits enluminés. Il reste des feuilles blanches inutilisées que je vous enverrai dans un paquet séparé, ces jours-ci.
Je suis profondément heureux de notre collaboration. Que les augures nous soient favorables !
Très amicalement votre,

René Char

[mai ou juin 1980]

Manuscrit enluminé Char - Wou-Ki
Effilage du sac de jute
(page de titre, 5)
(nourrir peut-être un peu la page.)

Le doigt majeur
Louange moqueuse
L'écoute au carreau
Azurite
L'enfant à l'entonnoir
Les vents galactiques
La collation interrompue

(Ici une aquarelle occupant la double page serait bien souhaitable)

Étroit autel
Ibrim
Récit écourté
Une barque

L'ardeur de l'âme
Éprise
La poudrière des siècles

(ici page 53 j'ajouterai un poème inédit récent):
C'est fait au 2.7.80

Libera I
Libera II
Équité et destruction

Mon cher ami,
Après une intimité bien étudiée, hier et ce matin,
avec notre manuscrit, il m'apparaît qu'une grande
aquarelle (sur 2 pages intérieures) (celles qui sui-
vent la page 32, et que je viens d'introduire) com-
pléteront merveilleusement les 8 autres. Simple
suggestion.
Il me semble également que la page 5 de titre pour-
rait être un peu nourrie: le premier coup d'archet

ou de percussion volatile, en quelque sorte?... Ne croyez-vous pas? Je me fie à vous.

Enfin, page 53, j'ajouterai un poème inédit au recto pour équilibrer le nombre de pages blanches.

Bien à vous de cœur.

René Char

15 mai 1983

Chère Françoise,

Si mes poèmes trouvent votre amitié, je les regarderai désormais avec moins de froideur (sitôt séparés de moi) et peut-être d'hostilité. Croyez en ma franchise. Tout est étrange, sinon effrayant avec le langage.

Wou-Ki, avec sa peinture, accomplit les volontés d'un « univers » où le fractionné reçoit « la grâce » d'une réalité picturale illimitée, génie dont le regard reçoit la justesse aussi.

Les Busclats languissent. Les cerises se méfient des bandes d'oiseaux qui y sont tolérées... Ah! si vous n'étiez pas si éloignés tous deux.

Je vous suis reconnaissant de notre présence, grâce à vous, dans *L'Œil* au cours de 83.

[...]

À tous deux nos pensées et amitiés fidèles.

René Char

PRINCIPAUX OUVRAGES DE RENÉ CHAR
(1907-1988)

1966 *Retour amont* (Gallimard).
1967 *Trois coups sous les arbres* (Gallimard).
1968 *Dans la pluie giboyeuse* (Gallimard).
1971 *Le Nu perdu* (Gallimard).
1975 *Aromates chasseurs* (Gallimard).
1977 *Chants de la Balandrane* (Gallimard).
1979 *Fenêtres dormantes et porte sur le toit* (Gallimard).
1981 *La Planche de vivre*, traductions en collaboration
      avec Tina Jolas (Gallimard).
1985 *Les Voisinages de Van Gogh* (Gallimard).
1987 *Le Gisant mis en lumière*, en collaboration
      avec Alexandre Galperine et Marie-Claude de Saint-Seine
      (Éditions Billet).
1988 *Éloge d'une Soupçonnée* (Gallimard).

Correspondances

2007 *Correspondance Albert Camus – René Char* (1946-1959)
      (Gallimard).
2014 *Correspondance Raúl Gustavo Aguirre – René Char* (1952-
      1983) (Gallimard).
2015 *Correspondance Paul Celan – René Char* (1954-1968)
      (Gallimard).

DANS LA BIBLIOTHÈQUE DE LA PLÉIADE

1983 *Œuvres complètes* (réédition augmentée en 1995).

DANS LA COLLECTION « QUARTO »

1996 *Dans l'atelier du poète*, édition établie
      par Marie-Claude Char.

DANS LA COLLECTION « FOLIO »

2007   *Poèmes en archipel*, anthologie établie par
       Marie-Claude Char, Marie-Françoise Delecroix,
       Romain Lancrey-Javal et Paul Veyne.

DANS LA COLLECTION « FOLIOPLUS CLASSIQUES »

2007   *Feuillets d'Hypnos*, avec un dossier réalisé par
       Marie-Françoise Delecroix.

AUX ÉDITIONS DES BUSCLATS

2010   *Correspondance René Char-Nicolas de Staël* (1951-1954).

DU MÊME AUTEUR

Dans la même collection

Ce volume,
le quatre cent soixante-cinquième de la collection Poésie,
a été achevé d'imprimer sur les presses
de l'imprimerie Clerc,
le 2 mars 2017.
Dépôt légal : mars 2017
1er dépôt légal dans la collection : février 2011

ISBN 978-2-07-044147-1/. Imprimé en France.

316312